Laura Theresa Glassl

Wirkungspotenziale und Bedingungen der Bildkommunikation

Illustriert an Bildern aus der Anzeigenwerbung

Bibliografische Information der Deutschen Nationalbibliothek: Die Deutsche Nationalbibliothek verzeichnet diese Publikation in der Deutschen Nationalbibliografie, detaillierte bibliografische Daten sind im Internet über http://dnb.dnb.de abrufbar.

© 2015 Laura Theresa Glassl
Herstellung und Verlag:
BoD – Books on Demand, Norderstedt

ISBN: 978-3-7347-6628-2

Inhalt

Abbildungen

Um eine flüssige Lesbarkeit zu gewährleisten, wird in den folgenden Ausführungen ausschließlich die männliche Form verwendet. Angesprochen sind jedoch Frauen und Männer.

1 Einleitung

Ungeachtet dessen, welche oftmals kritischen Emotionen und Einstellungen mit Begriffen wie „Bilderflut" oder „Bildermacht" verbunden werden. Sie benennen auch einfach den aktuellen Zustand:

In allen Bereichen der öffentlichen Kommunikation spielen Bilder eine immer wichtigere Rolle.

Daher scheint es auch wichtig zu verstehen, welche Entwicklungen zu diesem Zustand geführt haben und welche Ziele mit dem Einsatz von Bildern als Kommunikationsmittel verfolgt werden. Darüber hinaus ergibt sich die Frage, unter welchen Bedingungen und aufgrund welcher Eigenschaften sie, etwa in der Werbekommunikation, funktionalisiert werden. Diesen Fragen wird in den folgenden Ausführungen, unter besonderer Berücksichtigung von Anzeigenbildern, nachgegangen.

Nach einer kurzen Bestandsaufnahme über die heutige Präsenz von Bildern und der Gegenüberstellung kritischer sowie optimistischer Stimmen zur

„Bilderflut", werden sowohl medienübergreifende als auch werbespezifische Gründe und Bedingungen für den Anstieg der Bildkommunikation skizziert.

Danach wird eine Definition des Bildes als Kommunikationsmittel bestimmt, um anschließend die typischen Bildelemente einer Werbeanzeige nach ihren kommunikativen Funktionen zu differenzieren.

Im Anschluss daran wird der bevorzugte Einsatz von Bildern anhand ihrer besonderen Wirkungen im Wahrnehmungsprozess begründet. Zur Veranschaulichung dieser Bildeigenschaften werden ihnen die entsprechenden Sprachwirkungen vergleichend gegenübergestellt. Auch aufgrund der signifikanten Wahrnehmungsunterschiede von Sprache und Bild sowie des Gebrauchs beider Zeichensysteme in Werbeanzeigen, ist dieser Vergleich wichtig.

Daraufhin werden grundlegende sozialtechnische Bedingungen und Möglichkeiten einer zielführenden formalen sowie inhaltlichen Bildgestaltung dargestellt, die als Voraussetzungen für die Wirkung von Bildern im Sinne der Werbetreibenden anzusehen sind.

Im letzten Abschnitt werden noch konkrete Möglichkeiten der wirkungsvollen Verknüpfung von Text- und Bildelementen in Werbeanzeigen aufgezeigt.

2 Bilder und die „Bilderflut"

Visuelles Zeitalter

Bilder haben sich zu einem steten Begleiter im Alltag entwickelt. Ein Grund dafür ist die Etablierung von Bildern als Kommunikationsmittel in nahezu allen öffentlichen Informationsmedien. In der Werbekommunikation gilt das Bild als wichtigstes Kommunikationsmittel überhaupt.[1]

Diese Entwicklung wird oft kritisch als „Bilderflut"[2] bezeichnet. Darin zeigen sich unter anderem die Befürchtung der Zurückdrängung der Sprache und ein damit einhergehender Verlust an Informationsqualität zugunsten der reinen Unterhaltung.

Allerdings ist, angesichts der häufigen Kombination von Bildern und Texten, das Bild nicht als Ersatz, sondern vielmehr als Ergänzung zum Text zu betrachten. Demnach sind die Konsequenzen der fortschreitenden

---

[1] Vgl. Rada, 2002, 26.
[2] Stöckl, 2004, 2.

Bildkommunikation auch in der Etablierung neuer kommunikativer Strategien, durch ein produktives Zusammenspiel von Bild und Text, zu sehen.

Aus diesem Grund hält Stöckl eine Beschäftigung mit den Wirkungsweisen von Bildern sowie Methoden ihrer effizienten Nutzung in kommunikativen Texten für weitaus sinnvoller. Außerdem gilt es auch nachzuvollziehen vor welchem Hintergrund sich der „Trend zu visueller Kommunikation"[3] entwickelt hat.[4]

Entwicklung und Bedingungen

Der „mediale(n) Siegeszug"[5] des Bildlichen ist zunächst auf die rasanten technischen Entwicklungen des 20. Jahrhunderts zurückführen. Mit der Entwicklung der digitalen Massenmedien wächst nicht nur Menge und Geschwindigkeit der Informationsvermittlung. Es wird auch eine kostengünstige und massenhafte Bildproduktion möglich. Da überwiegend

---

[3] Stöckl, 2004, 3.
[4] Vgl. Assmann, 2011, 82f.; Stöckl, 2004, 2f.
[5] Stöckl, 2004, 3.

Massenmedien als Vermittlungsinstanz für Werbebotschaften fungieren, geht mit deren Entwicklung auch ein kontinuierlicher Anstieg des Werberaumes sowie der Nutzung digitaler Bilder als Werbemittel einher.

Diese Entwicklungen führten jedoch auch zu einer „Informationsexplosion"[6]. Vor allem mit der Entdeckung des Internets Anfang der 1990er Jahre steigt das Angebot an schnellen und vielfältigen Informationen und ist „im Durchschnitt jährlich um 260% über der Zunahme des Informationskonsums gelegen!"[7] Ähnliche Folgen hat die Zunahme des Werbeangebots, denn „höchstens 5% der angebotenen Werbeinformationen erreichen ihre Empfänger, der Rest landet auf dem Müll."[8] Damit geht wiederum eine vermehrte Nutzung von Bildern als Kommunikationsmittel einher, da diese den Konsumenten die Informationsaufnahme erleichtern.

---

[6] Kroeber-Riel/Esch, 2011, 20.
[7] Ebd.
[8] Ebd. 21.

Diesen „Trend zu weniger Information und mehr Bild"[9] sowie den damit einhergehenden „Rückgang der rationalen Argumentation"[10] veranschaulichen Kroeber-Riel/Esch unter anderem an einem Vergleich von aktuellen Werbeanzeigen und Beispielen der 1950/60er Jahre.

Ähnlich deutlich zeigt das auch dieser Vergleich von Schokoladenwerbung aus den Jahren 2012 und 1929:

---

[9] Ebd. 17.
[10] Ebd. 216.

Abb. 1 Werbeanzeige von „Suchard"[11]

---

[11] Vgl: URL: http://www.ebay.de/itm/Suchard-Suchard-Kakao-Schokolade-Werbung-1929-/370595141896 [17.02.2015].

Abb. 2 Werbeanzeige von „Yoghurette"[12]

---

[12] Vgl. URL:
http://www.wuv.de/medien/aim_studie_yogurette_motiv_kommt_am_besten_an [17.02.2015]

In der Werbung sind außerdem zunehmend gesättigte Märkte der Grund für den Einsatz neuer kommunikativer Strategien. In vielen Marktsegmenten besteht eine Vielfalt an Produkten konkurrierender Unternehmen, die keine werberelevanten Qualitäts-, Preis- oder Geschmacksunterschiede mehr aufweisen. Demzufolge fehlen wirksame Werbeargumente in Form nachvollziehbarer und besonderer Informationen über das Produkt. Um sich dennoch von der Konkurrenz abzuheben und die Aufmerksamkeit der Konsumenten zu gewinnen, werden immer mehr zielgruppenspezifischere Beeinflussungsstrategien eingesetzt. In der Gestaltung der Werbebotschaft schlagen sich diese Werbeziele meist im Einsatz wirksamer Bilder als emotionale Appelle nieder.

Werbebilder werden überwiegend eingesetzt, um an Gefühle, Wünsche und Bedürfnisse der Konsumenten zu appellieren. Demgegenüber informiert der Text über spezifische Produkteigenschaften, die zur Befriedigung dieser Bedürfnisse dienen sollen. Dieses „klassischen

Muster der Einstellungsbeeinflussung"[13] mittels Emotionen und Informationen eignet sich dennoch nicht für jede Produktwerbung. Beispielsweise erweist sich für das Bewerben austauschbarer Produkte eine rein emotionale „Positionierung"[14] als wirksam, um sich von der Konkurrenz abzuheben und wenig involvierte Konsumenten zu beeinflussen. In diesem Fall werden Produkte oder Marken „zu Instrumenten von Konsumerlebnissen"[15] gemacht, die „zum Lebensgefühl und zur emotionalen Lebensqualität"[16] der Konsumenten beitragen. Zur kommunikativen Vermittlung dieser erlebnisbetonten Positionierung werden überwiegend Bilder funktionalisiert.

---

[13] Ebd. 59.

[14] Ebd. 72; Von diesen „klassischen" und emotionalen Strate-gien ist noch eine informative Positionierung sowie eine „Positionierung durch Aktualität" abzugrenzen. „Unter Positionierung versteht man alle Maßnahmen, die darauf abzielen, das Angebot so in die subjektive Wahrnehmung der Abnehmer einzufügen, dass es sich von den konkurrierenden Angeboten abhebt und diesen vorgezo-gen wird." (ebd. 72). Vgl. Kroeber-Riel/Esch, 2011, 72f.

[15] Kroeber-Riel/ Esch, 2011, 111.

[16] Ebd.

Insgesamt sind also alle Entscheidungen über Werbemaßnahmen und Gestaltungsformen von den aktuellen Rahmenbedingungen, der Marktsituation, den technischen bzw. medialen Möglichkeiten, der Produktkategorie und insbesondere der Zielgruppe abhängig.[17]

Eingrenzung des Bildbegriffs

Die wissenschaftliche Beschäftigung mit dem Bild ist durch ein großes Interesse der unterschiedlichsten Disziplinen geprägt. Dazu gehören einerseits Wissenschaften wie die Psychologie und Philosophie sowie die Informatik, die sich in ihren Zugängen zum Thema Bild sehr unterscheiden.

Andererseits konstituiert sich, mit den Medien-und Kommunikationswissenschaften, den Sprach- und Kulturwissenschaften sowie der Semiotik, eine weitere Gruppe an Teildisziplinen. Diese eint eine interdisziplinäre Herangehensweise an das

---

[17] Vgl. Kroeber-Riel/Esch, 2011, 17ff; 59; 72; 111; 216; Stöckl, 2004, 3.

Forschungsobjekt „Bild" und demzufolge auch ein einheitlicheres Verständnis von dessen grundlegenden Charakter.

Bilder werden allgemein verstanden als „Zeichenphänomene, die zur zielgerichteten, meist massenmedial vermittelten Kommunikation verwendet werden."[18]

Entsprechend dieser Definition ist eine funktionale Bestimmung von Bildern und ihren gestalterischen Merkmalen nur vor dem Hintergrund ihres konkreten Verwendungskontextes möglich. Denn sowohl sprachliche als auch bildliche Textelemente treten „in einer aus der kommunikativen Situation, pragmatischen Zielsetzungen und den Produktions- wie Rezeptionsfaktoren resultierenden typisierten Form"[19] auf.[20]

---

[18] Stöckl, 2004, 11.
[19] Stöckl, 2004, 22.
[20] Vgl. Stöckl, 2004, 11; 22.

19

Funktionale Klassifizierung von Anzeigenbildern

Im Abschnitt über die Entwicklung der Bildkommunikation wurden die vorherrschenden Gründe für den Einsatz von Bildern als Werbemittel erläutert. Demzufolge ist die nun folgende, allgemeine Klassifizierung von Anzeigenbildern vor dem Hintergrund dieser Rahmenbedingungen zu betrachten.

Die Werbebranche unterscheidet in der Anzeigenwerbung zwischen drei idealtypischen Bildelementen, dem „Key-Visual" oder „Schlüsselbild", dem „Catch-Visual" oder „Blickfänger" und den „Focus-Visuals"[21]:

Das „Key Visual" bildet das beworbene Produkt ab und erfüllt damit die Informationsfunktion. So informiert beispielsweise die Abbildung der Bierflasche und des Bierglases in der Anzeige von „Krombacher®" darüber,

---

[21] Vgl. Zielke, 1991, 81-84. Zit. nach Janich, 2010, 76f.

für welches Produkt und welche Marke geworben wird.

Abb. 3 Werbeanzeige von „Krombacher®"[22]

---

[22] Vgl.: URL: http://www.getraenke-star.de/index.php?id=166 [17.02.2015].

Durch das „Catch-Visual" hingegen wird das Produkt in einen bestimmten Kontext versetzt. Die Funktion des Blickfangs übernehmen dabei etwa Personen oder andere Aufmerksamkeit erregende Abbildungen. Diese Verbindung eines Produkts mit einer Person, einem Gegenstand oder einer bestimmten Bildumgebung können beim Betrachter Assoziationen und Konnotationen bewirken.[23]

In der Anzeige von Krombacher ist das Produkt in eine Naturlandschaft eingebettet. Das Ziel der Werbetreibenden hierbei ist es, beim Betrachter eine gedankliche Verbindung zwischen dem beworbenen Bier und der Natur (worauf auch die Headline verweist) zu bewirken. Die Werbebotschaft besteht somit aus dem Verweis auf die natürliche Produktion des beworbenen Produkts bzw. darauf, dass es nur natürliche und gesunde Inhaltsstoffe enthält.

---

[23] Vgl. Zielke, 1991, 81-84. Zit. nach Janich, 2010, 76f.

Damit hat das „Catch Visual" die Funktion, die Aufmerksamkeit auf das Produkt sowie auch auf die intendierte Werbebotschaft zu lenken.[24]

Dagegen sind „Focus-Visuals" kleinere und isoliert positionierte Bildelemente. Sie dienen der Erzeugung von Glaubwürdigkeit, indem sie eine bereits sprachlich oder visuell thematisierte Produkteigenschaft wiederholen oder inhaltlich präzisieren.[25]

In der Werbeanzeige von Krombacher entspricht das „Öko-Test Label" dem „Focus Visual". Es unterstreicht bzw. ergänzt die Aussage des „Catch-Visual" sowie auch die in der Headline thematisierten Produkteigenschaften („Natürlich", „Bestnote").

Damit erfüllen diese drei Typen von Anzeigenbildern die drei wichtigsten Bildfunktionen hinsichtlich der Wirkung auf den Konsumenten, die von Kroeber-Riel folgendermaßen zusammengefasst werden:

---

[24] Vgl. ebd.
[25] Vgl. ebd.

„Aktivierung erzeugen", „Informationen vermitteln" und „Emotionen auslösen"[26].

---

[26] Vgl. Kroeber-Riel, 1993: 3.Teil. Zit. nach Janich, 2010, 77.

3 Bildwirkungen & Bildgestaltung

„Insgesamt gesehen ist die Verwendung von Bildern die wirksamste Technik, um Werbemaßnahmen zum Erfolg zu verhelfen."[27] Entscheidende Gründe, die zu ihrem vermehrten Einsatz geführt haben, wurden bereits im Abschnitt über die „Entwicklung der Bildkommunikation" dargestellt. Hier geht es nun um Wirkungs- und Gestaltungsgesetze von Bildern, die sie zu einem so bevorzugten Kommunikationsmittel in Zeiten der Informationsüberlastung machen.

Nach einer Beschreibung besonderer kommunikativer Wirkungen, die Bilder im Vergleich zum Text haben, werden im darauffolgenden Abschnitt Möglichkeiten des Einsatzes wirkungsvoller emotionaler, aber auch formaler und kognitiver Bildreize skizziert.

---

[27] Kroeber-Riel/Esch, 2011, 217.

Wirkungspotenziale

„Schnelle Schüsse ins Gehirn"

Wenn Werner Kroeber-Riel von Bildern als „schnelle Schüsse ins Gehirn"[28] spricht, verweist er auf ihre, dem Text überlegene Wirkung im Wahrnehmungsprozess. Demzufolge sind die nun folgenden „Besonderheiten der Aufnahme und Verarbeitung von Bildern (…) für die Vorteile einer bildbetonten Werbung verantwortlich, die sich an passive und wenig involvierte Empfänger richtet"[29].

Bilder eignen sich besonders gut, um die Aufmerksamkeit passiver Konsumenten auf eine Werbeanzeige zu lenken. Schon nach etwa „1/100 Sekunden wird das Thema des Bildes erkannt"[30] und daher auch beim flüchtigen und unbewussten Überblättern einer Anzeige wahrgenommen. Zur Aufnahme weniger Wörter werden dagegen bis zu 2 Sekunden benötigt, während diese Zeit schon ausreicht,

---

[28] Kroeber-Riel, 2001, 112.
[29] Kroeber-Riel/Esch, 2011, 219.
[30] Kroeber-Riel, 2001, 117.

um emotionale sowie kognitive Eindrücke „eines Bildes mittlerer Komplexität"[31] ohne Anstrengungen zu verarbeiten und in Erinnerung behalten zu können.

Diese unterschiedlichen Wahrnehmungs- und Verarbeitungsprozesse bildlicher und sprachlicher Reize sind neurologisch zu erklären, da sie sich in unterschiedlichen Gehirnregionen vollziehen. Dabei erfolgt die Aufnahme und Verarbeitung von Texten hierarchisch und analysierend, während Bildeinheiten nicht nacheinander, sondern als zusammengehörendes Ganzes viel schneller wahrgenommen und verarbeitet werden können.

Die Wahrnehmungstheorie ist eine Forschungsrichtung der Gestaltpsychologie. Ihr Grundsatz ist, dass „Wahrnehmungseindrücke als Ganzes und nicht in Teilen"[32] aufgenommen werden. Damit wird dem Menschen der Wunsch nach „Ordnung, Prägnanz, Einklang, Harmonie oder sinnvoller Form"[33]

---

[31] Ebd.
[32] Felser, 2007, 127.
[33] Ebd.

nachgesagt, was sich als „ein Streben nach der 'guten Gestalt' "[34] zusammenfassen lässt. Insgesamt wurden acht Gestaltungsprinzipien formuliert, die einer guten Gestalt entsprechen und eine schnellere sowie nachhaltigere Aufnahme von Reizen ermöglichen. So besagt zum Beispiel das „Gesetz der Nähe"[35], dass wir Dinge, die räumlich nahe beieinander liegen, als zusammengehörig wahrnehmen. Demzufolge schließen wir in unserem Wahrnehmungsfeld diejenigen Objekte zusammen, deren gegenseitige Distanz am geringsten ist. Das bedeutet für die Anzeigengestaltung, dass die wichtigsten Elemente wie Bilder, Logos oder Slogans möglichst als zusammengefasste Einheit erscheinen müssen.[36]

---

[34] Ebd.
[35] Ebd.
[36] Vgl. Felser, 2007, 127ff.

„Emotionale Wirkungen" & „Gedächtnis-bilder"

Dieses Wissen über die Aufnahme und Verarbeitung von Bildinformationen wird auch dazu genutzt, um die „Produkte und Dienstleistungen mit emotionalen Konsumerlebnissen"[37] zu vermitteln. Durch die räumliche Anordnung eines Emotionen aktivierenden „Catch-Visual" und der Produktabbildung, des Produktnamens oder des Markenlogos, sollen die Konsumenten automatisch gedankliche Verknüpfungen herstellen, indem sie die hervorgerufenen emotionalen Vorstellungen mit dem Produkt/der Marke assoziieren. So ruft etwa in Abbildung 4 der Bildkontext Gefühle wie Freiheit, Leichtigkeit oder Erinnerungen an Urlaub, Strand und Meer hervor, die hier aber mit der Becks-Flasche verbunden werden. Daraus können Assoziationen wie etwa „Becks trinken und Urlaubsgefühl" entstehen, die mit Sprache so nicht vermittelt werden könnten.

---

[37] Kroeber-Riel/ Esch, 2011, 61f.

Abb. 4 Werbeanzeige von „Becks"[38]

Für die Entstehung dieser „emotionalen Wirkungen"[39] sind Bilder also besonders geeignet. Das strategische Hauptziel der Werbung bzw. des Marketings ist dabei die Verankerung solcher Verknüpfungen im Gedächtnis der Konsumenten. So soll irgendwann der emotionale äußere Bildreiz, wie etwa das Meer in der Becks-Werbung, ausreichen, damit der Konsument sofort die Verbindung von Urlaubsgefühl, Freiheit oder Abenteuer und Becks-Flasche vor Augen hat. In diesem Fall hätte er diese Verknüpfung als „innere(s) Bild[er]" oder

---

[38] Vgl. URL: http://meetinx.de/aus-becks-chilled-orange-wird-becks-twisted-orange/ [17.02.2015].
[39] Kroeber-Riel, 2001, 115.

„Gedächtnisbild[er]" gespeichert. Mit entsprechender Aktivierung wirken sich diese Bilder auch auf spontane Entscheidungen für oder gegen ein Produkt aus, da sie „auf Grund ihrer Anschaulichkeit und emotionalen Ausstrahlung stärker auf das Verhalten durchschlagen als abstraktes sprachliches Wissen."[40]

Der strategische Aufbau von „Gefühle(n) für ein Produkt oder eine Dienstleistung"[41] mittels emotionaler Erlebnisreize wird auch als „emotionale Konditionierung"[42] bezeichnet. Bei den wenig involvierten Konsumenten ist die ständige Wiederholung derselben Kombination aus Markenname und Reiz, in allen Werbemitteln sowie auch auf der Verpackung, eine grundlegende Voraussetzung für den Erfolg dieses „Lernprozesse(s)"[43]. Darüber hinaus „sind markenspezifische – möglichst neuartige"[44], das heißt wirkungskräftige und zugleich verständliche Reize

---

[40] Ebd.
[41] Kroeber-Riel/Esch, 2011, 220.
[42] Ebd. 333.
[43] Ebd.
[44] Ebd. 334.

erforderlich, um sich von den Strategien der Konkurrenz zu unterscheiden. Allerdings bleiben diese Regeln oft unbeachtet, was zu misslungenen Konditionierungsversuchen führt.

Beispielsweise wird in der formalen Gestaltung von Anzeigen das einheitliche Darstellungsprinzip nicht beachtet, der ausgewählte Reiz ist zu wenig zielgruppenspezifisch oder allgemein zu wirkungsschwach.[45]

Aktivierung durch inhaltliche Gestaltung

Grundsätzlich müssen, sowohl die gesamte strategische Marketing-, Kommunikations- und Werbeplanung als auch die kreative Umsetzung der dabei beschlossenen Strategie, vor dem Hintergrund der aktuellen Rahmenbedingungen erfolgen. Doch vor allem in Zeiten der Informationsüberlastung ist „Kreativität

---

[45] Vgl. Kroeber-Riel/Esch, 2011, 61f; 217ff; 333f; Kroeber-Riel, 2001, 112ff.

alleine kein Erfolgsgarant".[46] Dasselbe gilt für Investitionen enormer Summen in die „geringfügige Weiterentwicklung eines Produktes".[47] Aus diesem Grund ist der, bisher überwiegend vernachlässigte, zusätzliche Einbezug sozial- und verhaltenswissenschaftlicher Techniken zur wirksamen Werbegestaltung notwendig.[48]

Die Verhaltensforschung differenziert zwischen verschiedenen Arten von aktivierenden Bildreizen.

Emotionale und kognitive Reize

Die Wahl des geeigneten Bildmotivs ist für den Erfolg einer Anzeige von herausragender Bedeutung. Das stärkste emotionale Aktivierungspotenzial haben Bildmotive, die an bestimmte emotionale Schemata appellieren. Dazu zählen:

- „biologisch vorprogrammierte und kulturübergreifende (z.B. Kindchenschema und Held),

---

[46] Kroeber-Riel/Esch, 2011, 190.
[47] Ebd. 122
[48] Vgl. Kroeber-Riel/Esch, 2011, 122; 187ff.

- kulturell geprägte (z.B. Tropenschema, Bayernschema) oder
- zielgruppenspezifisch gelernte (z.B. Fußballschema, Golfschema)"[49]

Denn „starke emotionale Reize unterliegen praktisch keinen Abnutzungserscheinungen, sie entfalten dauerhaft wirksame Aktivierungswirkungen, da die Reaktionen angeboren sind."[50]

Insbesondere wirklichkeitsnahe Abbildungen von Personen lassen sich wirkungsvoll zur Generierung von Erlebniswirkungen einsetzen.[51]

So beispielsweise auch in Abbildung 5. Diese Werbeanzeige war, in einer Wirkungsanalyse[52] von Anzeigenmotiven, das Siegermotiv in der Kategorie „Anziehungskraft". Es ist anzunehmen, dass schon allein die zwei Kinder diese Wirkung bei vielen

---

[49] Kroeber-Riel/ Esch, 2011, 336.
[50] Ebd. 243.
[51] Vgl.: Kroeber-Riel/Esch, 2011, 340.
[52] Vgl. URL: http://www.horizont.net/medien/nachrichten/-AIM-Anzeigentracking-Jahresausklang-mit-Nivea-und-Romantik--112418 [17.02.2015].

Betrachtern auslösen. Durch die liebevoll und idyllisch wirkende „Kuss-Handlung" des Jungen und den lebendigen Gesichtsausdruck des Mädchens ist eine noch stärkere Aktivierung zu vermuten. Die Produktabbildung ist zwar eher im Abseits, doch durch die hohe Bekanntheit der Marke und das typische Verpackungsdesign ist eine auffälligere Positionierung in der Anzeige wohl nicht notwendig.

Abb. 5 Werbeanzeige von „Kinderschokolade®"[53]

---

[53] Vgl. URL: http://www.horizont.net/medien/nachrichten/-AIM-Anzeigentracking-Jahresausklang-mit-Nivea-und-Romantik--112418 [17.02.2015].

Dagegen wirken kognitive Reize nicht dadurch, dass sie an existierende emotionale Schemata appellieren, sondern durch Verstöße „gegen vorhandene Erwartungen und Schemavorstellungen".[54] So werden Irritationen, Überraschungen oder Widersprüchlichkeiten bei den Empfängern ausgelöst. Allerdings können sich diese Aktivierungstechniken auch negativ auf das Image einer Marke auswirken, da sie schnell veralten und infolgedessen weniger glaubwürdig sind.[55]

Aktivierung durch formale Gestaltung

„Bildgestaltung bezeichnet die Anordnung formaler Bildelemente wie Form oder Farbe innerhalb eines Rahmens im Hinblick auf bestimmte kommunikative Absichten. (…) Kenntnisse der manipulativen Möglichkeiten von Beleuchtung und Komposition sind daher substantiell."[56]

---

[54] Kroeber-Riel/ Esch, 2011, 243.
[55] Vgl. Kroeber-Riel/ Esch, 2011, 243f.
[56] Rada, 2002, 26.

Farbreize

Demzufolge ist auch die Farbgestaltung nicht zufällig. Farben können unterschiedlichste Funktionen erfüllen:

- „Informationen gliedern, einordnen und zuordnen"
- „Aufmerksamkeit auf bestimmte Informationen lenken"
- „abgrenzen und warnen"
- „die Lesbarkeit von Texten steigern"
- „beim Betrachter Stimmungen und Assoziationen hervorrufen"
- „Spaß machen"[57]

Die Wirkung von Farben ändert sich beispielsweise durch verschiedene Farbtöne, Helligkeitsstufen, die Farbsättigung sowie die Farbtemperatur.

Dabei wirken stark gesättigte Farben stark und schwer, genauso wie dunkle und kalte Farben eher unfreundlich und schwer wirken. Dagegen erscheinen warme und helle Farben freundlicher und vertrauenserweckender.

---

[57] Ebd. 38.

Abhängig vom jeweiligen Kulturkreis werden bestimmte Farbtöne allgemein mit unterschiedlichen Gefühlen assoziiert. So steht beispielsweise in westlichen Ländern die Farbe Blau einerseits für „Treue, Ruhe, Vertrauen, Pflicht, Schönheit, Sehnsucht" und andererseits auch für „Nachlässigkeit, Melancholie"[58].[59]

Die Farbe Blau wird im Fall der Werbeanzeigen von Nivea (Abbildung 6) wohl eher mit Treue, Schönheit und Vertrauen assoziiert und ist m.E. auch ein Grund für den großen und nachhaltigen Erfolg der Marke.

---

[58] Ebd. 36.
[59] Vgl. Rada, 2002, 35ff.

Abb. 6 Werbeanzeige von „Nivea"[60]

---

[60] Vgl. URL: http://ancobraun.com/work/nivea/
blueharmony.html [17.02.2015].

Beleuchtung

„Beleuchtung ist ein Zusammenspiel aus Licht und Schatten."[61] Mit keinem anderen formalen Mittel wie der Beleuchtung können so leicht Stimmungen und Emotionen erzeugt und der Blick des Betrachters gelenkt werden, wie mit dem gezielten Einsatz von Licht.

Mit der Beleuchtung können unterschiedliche Bildwahrnehmungen entstehen. Einerseits kann sie eine räumliche Orientierung bewirken und das Erkennen der Beschaffenheit eines Objekts sowie dessen Relationen zu anderen Objekten bzw. zu seiner Umwelt. Andererseits können mit ihr Tageszeiten erkannt und verschiedene Stimmungen, wie etwa Spannung oder Ängstlichkeit, erzeugt werden.

Atmosphäre lässt sich beispielsweise gut mit diesen verschiedenen Formen der Beleuchtung schaffen:

---

[61] Rada, 2002, 30.

„Low-Key Lighting": Es sind viele Kontraste möglich durch viel schwarz, dunklen Hintergrund, wenig Zeichnung der Schatten und einen markanten „Licht-Schatten-Übergang"[62]. Mit dieser Beleuchtung können „dramatische oder geheimnisvolle Vorgänge oder starke Gefühle sowie Liebesszenen"[63] dargestellt werden.[64]

Auch die Werbeanzeige in Abbildung 7 nutzt diese Beleuchtungstechnik, um eine geheimnisvolle, aber auch verführerische Stimmung zu suggerieren. Sowohl die Beleuchtung als auch die Körperaccessoires der abgebildeten Person passen zur Inszenierung. Diese Werbeanzeige mit der Sängerin Lady Gaga kam, bei der bereits erwähnten Wirkungsanalyse, in der Kategorie „Unverwechselbarkeit" auf den ersten Platz und in der Kategorie „Originalität" auf den dritten. Allerdings wirkt sich diese düstere und aufregende Stimmung offenbar nicht positiv auf die Glaubwürdigkeit und das

---

[62] Ebd. 31.
[63] Vgl. Mehnert, 1986, 151. Zit. nach Rada, 2002, 31.
[64] Vgl. Rada, 2002, 30f.

schnelle Erkennen der Marke aus, denn in diesen beiden Kategorien hat die Anzeige keinen Erfolg.[65]

Abb. 7 Werbeanzeige „Lady Gaga"[66]

---

[65] Vgl.: URL: http://www.adimpactmonitor.de/content/anzeigentracking-dezember-2012 [17.02.2015]

[66] Vgl. URL: http://www.adimpactmonitor.de/ranking/aimat-top10dezember2012xlsx/unverwechselbarkeit [17.02.2015].

„High-Key Lighting": Diese Beleuchtungstechnik produziert weiches Licht, viele Helligkeitswerte mit einem hellen Hintergrund, die Übergänge zwischen Licht und Schatten sind sanft und weich. Damit gelingt es „Glück, Gelingen, Hoffnung und frohe Zuversicht"[67] auszudrücken.[68]

In diesem Zusammenhang kann auch die Werbeanzeige von Alpro Soya® in Abbildung 8 gesehen werden. Die Beleuchtungstechnik „High-Key Lighting" unterstreicht den Inhalt und fördert die Glaubwürdigkeit der Werbebotschaft: Mit diesem Produkt von Alpro Soya® gelingt es (unter anderem), sich sowohl leicht als auch lecker zu ernähren.

---

[67] Vgl. Mehnert, 1986, 153. Zit. nach Rada, 2002, 31.
[68] Vgl. Rada, 2002, 30f.

Abb. 8 Werbeanzeige von „Alpro Soya®"[69]

---

[69] Vgl. SPAR Österreichische Warenhandels-AG [2013] (Hg.):
Spar Mahlzeit! Heft 2, S.6.

4 Text und Bild in der Werbeanzeige

Text-Bild-Verhältnisse

In Anzeigentexten stehen Bilder und Texte in einer wechselseitigen Beziehung. Da das Bild meist zuerst wahrgenommen und verarbeitet wird, löst es beim Empfänger eine Erwartungshaltung auf den Textinhalt aus und fungiert damit als „Tor zum Textverständnis".[70]. Dagegen ist es Aufgabe des Textes, der prinzipiellen Vieldeutigkeit des Bildes entgegen zu wirken und es so zu ergänzen, dass die Bildbotschaft besser verstanden und behalten werden kann. Diese Wechselwirkung ist vor allem bei wenig involvierten Empfängern sinnvoll.[71]

---

[70] Kroeber-Riel/Esch, 2011, 302.
[71] Vgl. Kroeber-Riel/Esch, 2011, 302ff.

Um Varianten von Text-Bild-Verhältnissen in Werbeanzeigen zu beschreiben, übernimmt Janich folgende Klassifizierung von Stöckl:[72]

- „Parallelisierung von Sprache und Bild": Das Bild zeigt etwas, was der Text benennt.
- „Metonymische Konzeptassoziation": Das Bild visualisiert einen abstrakten Begriff, wie etwa „Freude" oder „Glück".
- „Symbolisierung": Ein komplexes Bild stellt eine symbolische Zusammenfassung des Textes dar.
- „Metaphorisierung/Literalisierung": Das Bild zeigt die wörtliche Bedeutung einer Metapher.
- „Metakommunikativer Kommentar zum Bild": Dabei geht es nicht um den semantischen Inhalt des Bildes, sondern um Merkmale, die mit dem werbenden Unternehmen in Verbindung gebracht werden sollen.
- „Bedeutungsgegensatz und Bedeutungsanalogie": Dabei wird ein übertriebenes Bild benutzt, um die Qualität eines Produktes zu zeigen.
- „Figurenrede": Hier handelt es sich um ein Bild, das oft prominente Menschen darstellt, denen ein Zitat in den Mund gelegt wird.

---

[72] Vgl. Stöckl, 2004, 252ff; 297ff. Zit. nach Janich, 2010, 253ff.

- „Fachliche Sprache-Bild-Bezüge/Infografisches“: Hier werden fachliche Bilder in den Werbetext aufgenommen.
- „Bild solo“: Hier ist das Bild eindeutig dominant gegenüber den Textelementen, die auch ganz fehlen können. Das Bild wird dann als ausreichend für das Verständnis der Werbebotschaft angesehen.
- „Visioty/Image Icon“: Im Vergleich zum „Bild solo“ ist hier eine Kommentierung durch den Text notwendig.
- „Bildsynthese“: Hier handelt es sich um komplexe, aus mehreren Einzelbildern bestehende Bilder.
- „Bild-Bild-Konstellation“: In diesem Fall stehen mehrere Einzelbilder in einer funktionalen Beziehung zueinander.

Multimodale Textanalyse

Diese wechselseitige Beeinflussung von Text und Bild sowie die allgemein große Präsenz von Bildern als Bestandteil von Texten machen es notwendig, dass sowohl die Sprache als auch die Bilder in eine Textanalyse mit einbezogen werden. Stöckl kritisiert, dass diesem Multimodalitätscharakter von Texten in vielen semiotischen, philosophischen und kommunikationswissenschaftlichen Arbeiten zu wenig

Beachtung geschenkt wird. Doch eine adäquate linguistische Analyse erfordert den Einbezug aller beteiligten Zeichensysteme.

Demzufolge ist auch die Werbeanzeige als multimodale kommunikative Handlung zu verstehen, die sich aus dem Wechselverhältnis von Bild und Sprache konstituiert und entsprechend interpretiert werden muss.

„Text-Bild-Beziehungen in sprachwissenschaftlichen Analysen zu ignorieren hieße, ein konstitutives Element der Werbekommunikation auszuklammern."[73] [74]

---

[73] Janich, 2010, 251f.
[74] Vgl. Janich, 2010, 251f.; Stöckl, 2004, 18ff.

5 Fazit

Mit der Darstellung gesellschaftlicher Rahmenbedingungen und der enormen Wirkungskraft von Bildern auf die menschliche Psyche, wurde in diesen Ausführungen nach Erklärungen für die „Bilderflut" oder „Macht der Bilder" gesucht.

Bilder wirken automatisch und nicht kontrollierbar auf uns Menschen ein. Sie wecken Emotionen und Bedürfnisse. Und treiben uns infolgedessen oft zu Handlungen, die sich unserer Kontrolle entziehen.

Diesen Mechanismus macht sich die Werbung zunutze! Einerseits ist es somit nicht verwunderlich, dass sie immer wieder mit dem Vorwurf der Manipulation oder Konsumentenverführung konfrontiert ist. Andererseits sind die werbenden Unternehmen auf diese erfolgversprechenden Kommunikationsstrategien angewiesen, wenn sie in der heutigen Marktwirtschaft überleben wollen.

Es ließe sich, wie bei allen Diskussionen über Werbung, ihre Inhalte, Strategien, Täuschungsversuche sowie die

Rolle der einerseits als schutzbedürftig und ein andererseits als selbstverantwortlich dargestellten Konsumenten, diese Liste unendlich fortsetzen. Sowohl die Werbung als auch ihre Bilder sind zu vielfältig und facettenreich, als dass sie eindeutig als „gut oder böse" beschrieben werden könnten.

Die Voraussetzung jeder Kritik oder Glorifizierung ist jedoch die Aneignung von Hintergrundwissen über Entstehungszusammenhänge und Ursachen, wofür diese Ausführungen einen kleinen Beitrag leisten.

6 Literaturverzeichnis

Assmann, Aleida [2011]: Einführung in die Kulturwissenschaft. Grundbegriffe, Themen, Fragestellungen. 3., neu bearbeitete Auflage. Berlin.

Felser, Georg [2007]: Werbe- und Konsumentenpsychologie. Berlin/Heidelberg.

Janich, Nina [2010]: Werbesprache. Ein Arbeitsbuch. 5. überarbeitete Auflage Tübingen.

Kroeber-Riel, Werner [2001]: Bilder sind schnelle Schüsse ins Gehirn. Wirkungsgesetze der Bildkommunikation. In: Randa-Campani, Sigrid: WunderbareWerbeWelten. Marken, Macher, Mechanismen. Berlin. S.112-117.

Kroeber-Riel, Werner/ Esch, Franz-Rudolf [2011]: Strategie und Technik der Werbung. Verhaltens- und neurowissenschaftliche Erkenntnisse. 7., aktualisierte und überarbeitete Auflage. Stuttgart.

Rada, Holger [2002]: Design digitaler Medien. Tübingen.

Randa-Campani, Sigrid [2001]: WunderbareWerbeWelten. Marken, Macher, Mechanismen. Berlin.

Stöckl, Hartmut [2004]: Die Sprache im Bild – Das Bild in der Sprache. Zur Verknüpfung von Sprache und

Bild im massenmedialen Text. Konzepte, Theorien, Analysemethoden. Berlin/New York.